# きみを励ます ペップトーク

## 勇気を引き出す40の言葉

日本ペップトーク普及協会
堀　寿次 著

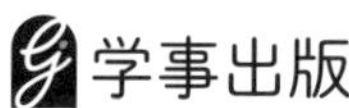

# 推薦のことば

## みんなを笑顔に

一般財団法人日本ペップトーク普及協会
代表理事　岩﨑由純

スポーツの世界で生まれ育まれたペップトークは、挑戦を応援する言葉かけです。しかしダイバーシティが取りざたされる現在の学校現場に必要とされる声かけは、多種多様な人と状況に対する繊細な配慮が必要になりました。

著者の堀寿次氏は、学生服や体操着の専門家である立場から、多くの子供たちだけでなく親御さんや先生方、学校職員の方とも直接的な接点を持っています。全国の児童・生徒からも絶大な信用を得ています。さらに自らも子育てとスポーツ指導をしている堀さんの語るペップトークは、みんなを癒したり、励ましたり、勇気づけたり、学校現場に笑顔を増やしてくれることを信じてやみません。

## 挑戦こそ成長

菅公学生服株式会社
代表取締役社長　尾﨑 茂

この本を読んだ時に、当社で掲げたテーマを思い返しました。変化の多い、現代の社会において未来を背負う子どもたちが、必要とされるのは対応力です。これまでのやり方と違うやり方への「挑戦」。その挑戦こそが人としての見識の広がりや新しいことへのバイタリティの強化へ繋がり、自身を「成長」させる糧となります。

本書では、挑戦を後押しする言葉が多くあり、学生生活を豊かに充実させることを願ったものだと感じました。挑戦を続ける子どもたちにエールを送る本書がたくさんの方へ届くことを願い、推薦させて頂きます。

# はじめに

こんにちは。この本を手にとっていただき、ありがとうございます。

私は、日本ペップトーク普及協会で講師をしています。普段は菅公学生服株式会社という制服メーカーで営業の仕事をしています。学校のことが好きで、制服を着ているかけがえのない時間を大切にしてほしい、そんな思いで仕事をしています。

みなさんに質問です。

今の生活は楽しいですか？

もしかすると、『毎日、つまんないな』『めんどうなこと多いな』と思うことがあるかもしれません。私もそう思います。

でも、『人生って面白い』『明日は何をしよう』と前向きに思えるようにもなりました。

どうしたら、そんな風に思えるようになったか？

その秘密が、

『ペップトーク』です。

ペップトークは、人を励ます言葉がけのことを言います。アメリカのスポーツ現場で生まれたスピーチ技術。脳科学や心理学の理にかなった言葉がけで選手のやる気を引き出す、ペップトークに私は出会いました。

『言葉の力で、前に進む勇気を後押しする』

言葉がけって難しい。正解なんてない。でも、自分が頑張りたいとき、誰かを応援したいとき、どんな言葉をかければいいのか、その人が大切で、大事に思うからこそ、言葉って出てこない。そんなことは誰にもあるんじゃないかなと思います。ペップトークには、本気であなたを応援する法則があります。

この本ではペップトークの法則に沿って、あなたに今、伝えたい言葉を集めました。あなたの勇気を後押しする1冊になれば幸いです。

日本ペップトーク普及協会　堀　寿次

もくじ

2章

## とらえかたを変える言葉がけ（承認） 45

3章



4章

# 序章

# ペップトークの仕組みとねらい

# ペップトークのしくみ

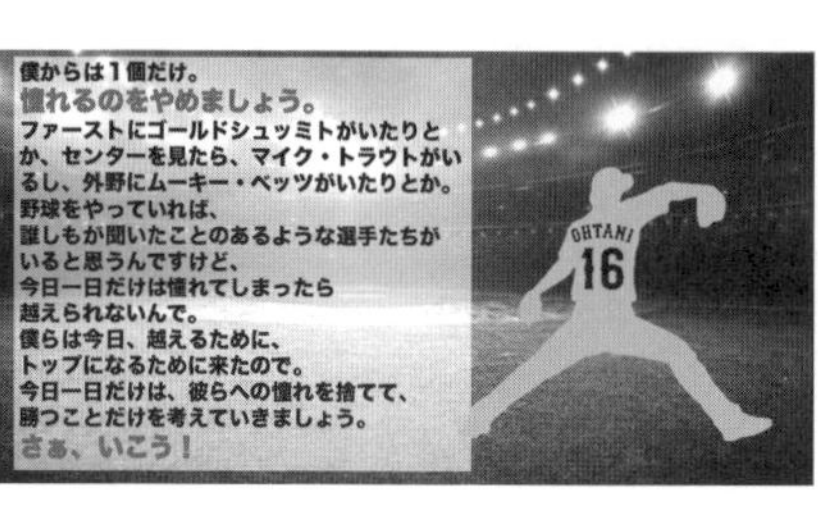

## ◆ペップトークとは

ペップトークは、アメリカのスポーツ現場で生まれたトークスキルです。試合が始まる直前のロッカールームで監督が選手におくる激励のショートスピーチです。監督は、選手にどんな言葉をかけるか、考えに考え抜いて、その本番を迎えます。選手が最高のプレーをするための技や体力を磨くように、指導者は言葉の力を磨きます。ペップトークは、現場で生まれたトークスキルですが、その根底には脳科学や心理学にひも解いても、理にかなった言葉選び・伝え方が特徴です。

## ◆試合直前の魂に火をつけるペップトーク

近年ではSNSの普及により、チームの公式サイトに、本番直前のロッカールームがウェブ上にアップされることがあります。2023年、ワールドベースボールクラシック（WBC）決勝戦の直前に大谷翔平選手が行ったショートスピーチが有名になりました。

「僕から一個だけ。憧れるのをやめましょう。」

この言葉から始まる32秒のスピーチに誰もが心打たれ、これから始まる決勝戦に向けてのやる気に火がつきました。ペップトークは、本気で向かう本番に向けて、誰が何をどんなふうに伝えていくかが重要になります。

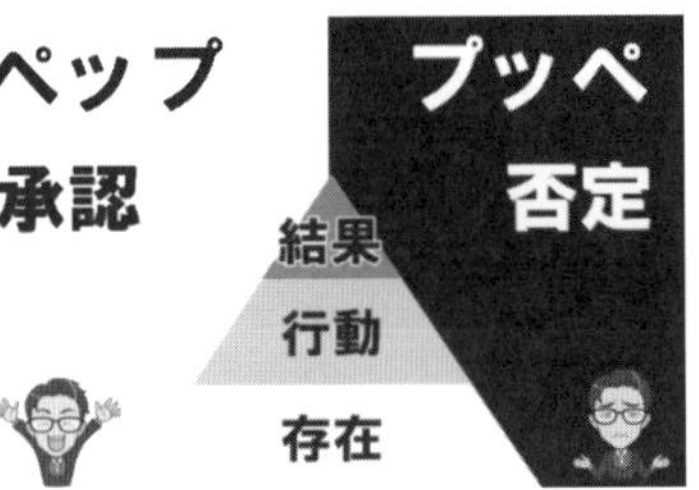


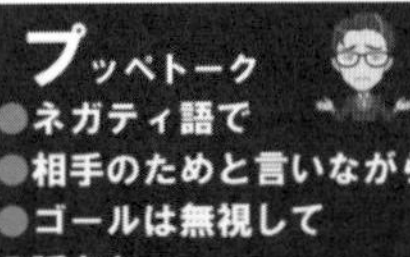


◆ペップトークとプッペトーク

ペップトークの特徴は、ポジティブな言葉を使い、相手の状況を受け止め、ゴールに向かった短くてわかりやすい、人をその気にさせる言葉がけ、勇気づけのトークです。

その反対をすることを日本ペップトーク普及協会では、プッペトークと名付けています。ネガティブな言葉を使い、相手のためと言いながら、ゴールは無視して、延々と人のやる気をなくす説教や命令です。プッペトークをしてしまうと、伝えた側も、伝えられた側も、残念な気持ちになります。プッペトークがダメではなく、相手に伝わらないとすれば残念なトークということです。

◆承認のピラミッド

ペップトークとプッペトークの違いを、承認のピラミッド（上図）を使い、人をやる気にさせる視点としてお伝えしています。例えば

結果否定『なんでできないんだ！』

行動否定『そんな行動意味ない』

存在否定『おまえじゃ無理。変わりはいくらでもいる』

と言われると、やる気は起きにくいです。特に存在を否定されると、深く傷ついてしまう可能性があります。

結果承認『よく頑張ったね！この結果は凄い』
行動承認『いつも○○をして、頑張っているな』
存在承認『おまえのおかげだ！いてくれて、ありがとう』
このように、相手を認める言葉がけがペップトークになります。結果より行動、そして存在を認めることで相手の承認欲求が満ちて、やる気を引き出します。

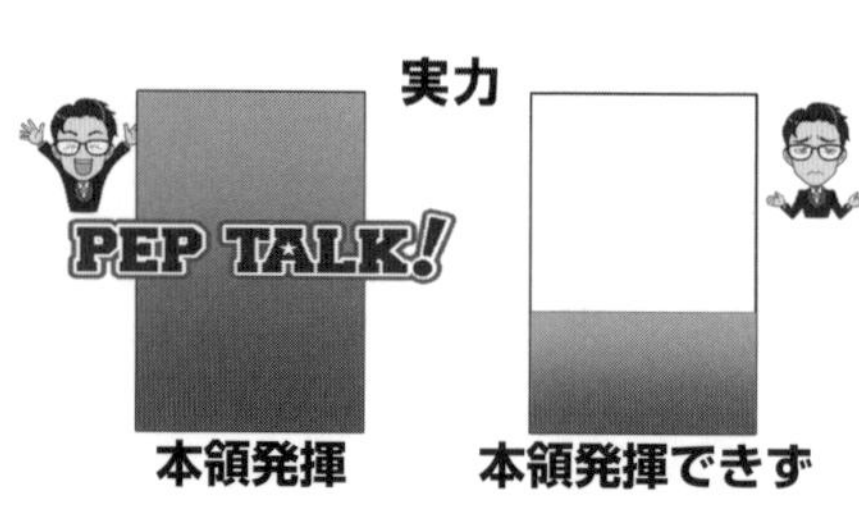


## ◆ペップトークの目的

ペップトークの目的は、本領発揮に導くことです。ペップトークをお伝えすると、

「ペップトークすれば、試合に勝てますか？」

という質問をいただきます。その際に「結果はわかりません。しかし、勝つために何をして、どう頑張りたいかを発揮するためにペップトークを行います。」と答えています。

ペップトークが結果を保証することはありません。しかし、今持っている実力（自分の心と身体・これまで磨いてきた技術や知識）を最大限に発揮するために、言葉の力を味方につけることが必要です。

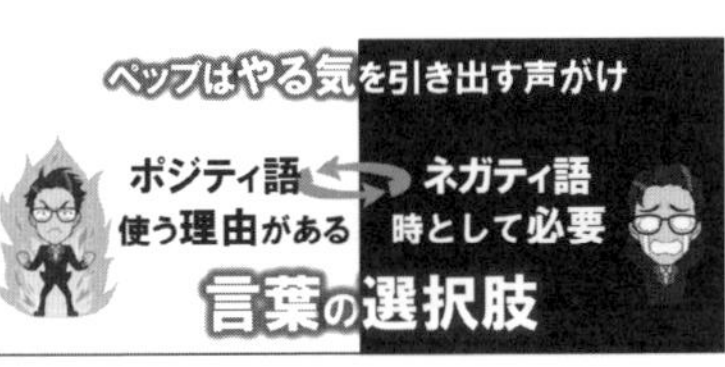

時と場合、相手との信頼関係が言葉を決める

◆言葉の選択肢

ペップアップするというのは、やる気を引き上げる言葉がけということですので、ポジティブな言葉ばかりではないかもしれません。過ちを犯したり、ルールを破った際に、叱咤（しった）されることで、次は絶対同じ過ちをしないという強い意志になれば、その時の言葉もペップトークになり得ます。

言葉の選択は、時と場合、相手との信頼関係で決まってきます。誰がどんな時に何と言うか。それまでの信頼関係や一緒に過ごした時間・体験で言葉の重さも熱量も変わってきます。

私たちは言葉がけに正解を求めるのではなく、今一番必要な言葉を相手の立場で考え、想いを込めるアプローチとしてペップトークのしくみを皆様にお伝えしています。

## ペップトークのねらい①

# わかる気を引き出す

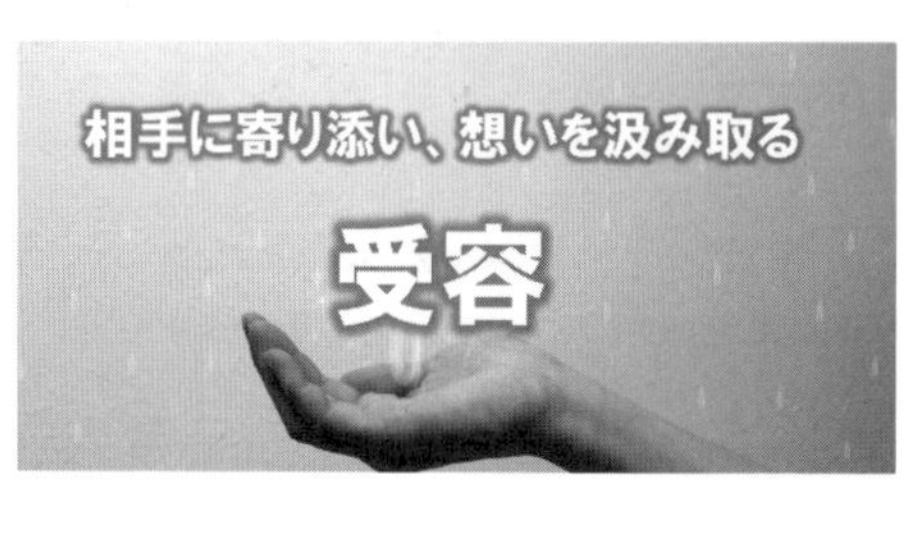

### ◆ペップトークの4ステップ

ペップトークには、やる気を引き出す4つのステップがあります。受容・承認・行動・激励の4ステップで言葉をかけることによって、相手の気持ちの変化を引き出します。その気持ちの変化が、「わかる気」「できる気」「やる気」となります。

「わかる気」とは、相手の置かれている状況や感情を言葉にして伝えることで、

「その話、わかります。」

「確かにそうかもしれない。」

と相手に理解と共感を与えます。

### ◆相手に寄り添い、想いを汲み取る

WBC決勝戦の大谷翔平選手は、

「野球を知っていれば、誰もが憧れる選手がいる。」

とこれから戦う相手へのリスペクトと、凄い相手との決勝が始まることを伝えました。一見、当たり前に思えることですが、丁寧に言葉で伝えることで、その場にいる選手の共通認識を図ることができます。また、相手に対して憧れる気持ちや決勝前の不安な気持ちがある選手に対して、

「誰もがそう思うよね。」

と寄り添っています。

このように、わかる気を引き出すためには、短い言葉で今の状況と相手の想いを汲む言葉がけが大切になります。

## わかる気を引き出すコツ

◆どうしたの？どうしたかった？と聴く
◆大丈夫？他に何かある？と寄り添う
◆こういうことなんだね？と確認する
◆そうかもしれないなと想像する
◆そんなこともあるんだねと肯定する

◇冷静に事実を理解する
◇落ち着いたトーンで聞き返す
◇自分の感情や考えは一旦（いったん）、置いておく

## ペップトークのねらい②

# できる気を引き出す

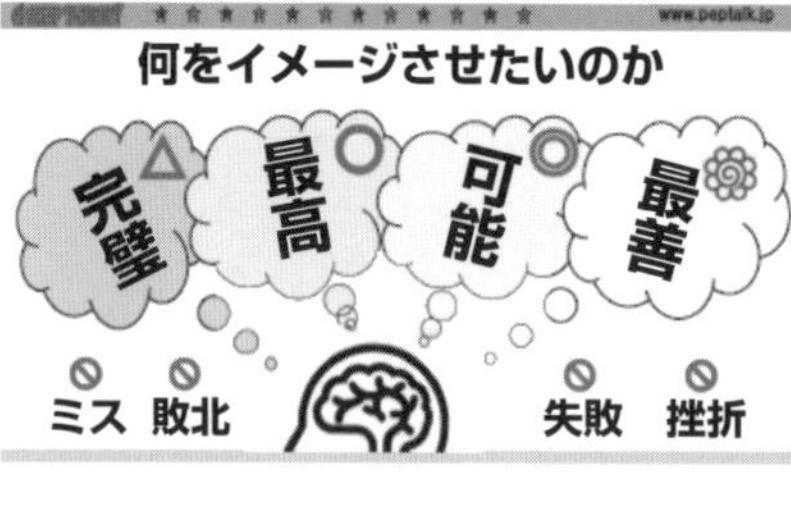


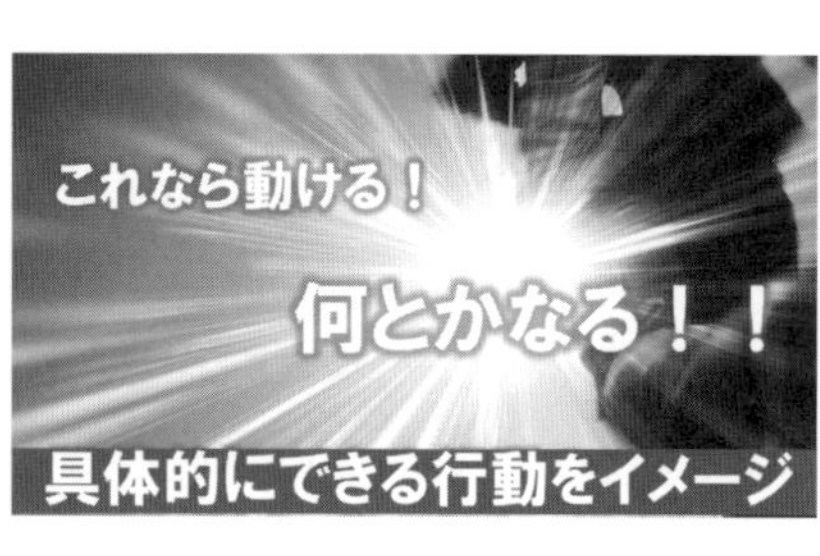


### ◆具体的なイメージを与える

相手の気持ちを汲み、状況を冷静かつ共感できる言葉で共有することで相手が、「わかる気」になります。次のステップは、「できる気」にすることです。できる気とは、

「それなら、できます。」

「自分たちなら、何とかなるかもしれない。」

と相手に具体的な行動のイメージを与えます。

「できる気」とは、相手にこの状況を前向きに考えてもらい、自分たちにあるもので、できるイメージを共有することになります。

### ◆最善な方法を選択する

ＷＢＣ決勝戦の大谷翔平選手は、

「勝つことだけ考えていきましょう。」と、一流の選手たちなら可能であり、最善の方法を伝えました。もしこれが、

「0点で抑えて、コールドで勝ちましょう！」

と、言われていたら、どうでしょうか？確かに完璧な試合運びかもしれませんが、現実的に想像しにくいです。最高の結果を想像することも良いかもしれませんが、相手が可能であり、どうなれば最善な方法をイメージできるかを言葉にしましょう。

# できる気を引き出すコツ

◆これまで何をしてきたかを語る
◆相手の得意なことを思い出す
◆こんな方法はどうかと提案する
◆具体的かつ実現可能性を考える
◆最善を選択するために決断する

◇前向きな考え方を持つ
◇フォーカスを良い面に当てる
◇きっとできるという期待を持つ

## ペップトークのねらい③

# やる気を引き出す

### ◆背中を押す言葉がけ

相手に具体的な行動のイメージを描かせ、「できる気」になれば、3つ目のステップは「やる気」を引き出します。やる気になれば、

「よっし、やろう。」

「自分たちなら、大丈夫だ。」と相手の背中を押す言葉がけです。

「やる気」を引き出すと言っても、物凄い気持ちの変化ではなく、やる気のキッカケを与えるというのが近い表現です。

### ◆言葉の表現力を磨く

WBC決勝戦の大谷翔平選手は、

「さぁ、いこう！」と、これまでもチームの円陣終わりに行っていた締めの言葉をこれまで以上にキレのある、力強いトーンで伝えました。言葉選びだけでなく、伝えたい想いを自分から出る雰囲気や声の大きさ、トーンを変える表現力も大切です。

ゴルフのような集中力を必要とする競技であれば、伝える言葉も落ち着いたトーンで伝える必要があり、逆にラグビーのような接触のある激しいスポーツの場合は、気持ちを盛り上げるような叫び声もあり得るでしょう。

つまり、その状況や相手の精神状態に合わせて、言葉を伝える表現力も伝える技術として必要となります。

# やる気を引き出すコツ

◆やる気のキッカケを作る
◆いつものキーワードを伝える
◆リラックスも緊張も必要
◆自分の感情（ステイト）を燃やす
◆ Let's～という表現を使う

◇相手にとって、ちょうどいいアツさ
◇きっと大丈夫と背中を押す
◇どんな状態かをしっかり見極(みきわ)める

## ペップトークのねらい④

# その気になる

夢中力
好きで得意な事で培った力

心
嫌いで不得意な事
冒険・挑戦・トライ・

**内発的動機づけ**

ダニエル・ピンク著『モチベーション3.0』

モチベーション3.0

自分自身の内側から湧いて出るやる気

好き

### ◆内発的動機づけ

アメリカの作家ダニエル・ピンク氏の著書『モチベーション3・0』では、もっとも継続するモチベーションは内発的動機づけであると書かれています。この内発的動機づけこそ、「その気」になるということです。

皆さんも自分の好きなもの、得意なことであれば、いつでも何時間でも継続して楽しくできるのではないでしょうか？モチベーション3・0で大切なことは、好き・楽しい・面白いという気持ちです。

### ◆夢中力を活かそう

好きで得意なことで培った力を夢中力と言い、そこで得た心の強さは、嫌いで不得意なことにも挑戦させる勇気をくれます。これから先の人生には、いろんな出来事が起こります。偶然を自分自身の力に変えていくには、その出来事を前向きに捉え、持続し、柔軟に対応しながら、行動することが求められます。行動する中で、

「この部分が面白い。」

「これは好きだな。」

と自分自身の興味や関心が深くなり、人としての成長の機会になっていきます。つい人の評価や周りの目を気にしがちですが、大切なのは、自分自身が好き・楽しい・面白いと思うものを増やしていくこと、そして、これから起こる全ての出来事を楽しめる自分になることです。

## その気になるコツ

◆好きな部分を探してみる
◆楽しいと感じるまでやってみる
◆面白いことを共有する
◆夢中になれる時間を大事にする
◆苦手で不得意もやってみる

◇自分軸を大事にする
◇人の評価や周りの目は気にしない
◇好き・楽しい・面白いを多く集める

## ペップトークの法則

# 4つのステップ

ペップトークとは、アメリカのスポーツの試合前に監督やコーチが選手に対して行う「短く」「わかりやすく」「肯定的な」「魂を揺さぶる」勇気づけのショートスピーチです。

選手が最高のパフォーマンスをするために磨き上げられたペップトークは、スポーツ現場はもちろん、家庭、学校、職場など幅広く活用可能なコミュニケーションスキルです。

最近では多くの企業で導入され、上司、部下、同僚に対する言葉の使い方が変わり、コミュニケーション力の向上、メンタルヘルスの改善事例が増えています。

# 1章

# 今を受け入れる言葉がけ（受容）

受容①

# 何も言えなくて
# オッケー。
# それがスタート。

応援したいから、思ってることを言う。
素敵(すてき)なことだし、良いことだよ。

ただその言葉、相手に届いているかな？

もう一度、その言葉を飲み込んで、
考えてみよう。
目の前のその人は、どんな状態？
どんな気持ちでいる？

相手をよく知ることがスタート。
緊張(きんちょう)して言えなかった君も、
言葉を選んでるって考えて。きっと大丈夫。

受容②

# わからない？じゃ、素直(すなお)に聴(き)いてみよう。

相手のことがわからない。
それって普通のことだよ。自分のことだって、
わからないこともある。

じゃ、どうするか？
教えてもらうのが一番早い。

素直（すなお）に聴（き）いてみる。
聴くときは、

耳だけでなく、目と心を駆使（くし）して
向き合ってみよう、
分かりたいって気持ちを表現しよう。

受容③
あなたはいつでも
頑張(がんば)っている。

毎日を同じように過ごしていても
あなたは頑張っている。
今日の終わりに、布団(ふとん)の中で言ってみて。
『今日も一日頑張った』

頑張っている自分のことを受け入れよう。
もし、
『あれ？何、頑張ったかな？』
と思えたら、チャンスだよ。
明日、頑張れる自分がそこにいるから。

受容④

# 言葉のナイフに鞘（さや）をしよう。

自分の気持ちが溢れた時に、
相手に対して、言葉のナイフが向いてしまう。

言葉は凶器。

その一言が、誰かを傷つけ、
その一言は、取り返しがつかない傷跡になる。

溢れだしそうな、人を傷つける言葉は
一回、飲み込んで。

言葉のナイフに鞘をしよう。
あなたには、優しい言葉が似合うから。

受容⑤

# ま、いいか。そう思えるまで向き合おう。

感情は自分で扱（あつか）いにくい。

楽しいことだけあればいいけど、
辛（つら）いことやムカつくこともある。

忘れてしまいたい気持ちに蓋（ふた）をしても
無くなることはない。

自分の気持ちとしっかり向き合おう。
傷ついた自分や悲しんでいる自分。
そんな自分がいることに、しっかり気づいて、
手を当てて癒（いや）してあげよう。

ま、いいか。
そう思えたら、前に進める。

受容⑥

# 等身大（とうしんだい）の自分を知っておこう。

いくら背伸びをしても、
自分の背が目覚ましく伸びることはない。
背伸びしたまま歩くと疲れる。
頑張ってみるけど、続けられない。

等身大の自分を鏡で見て。
背伸びしなくていい。

地に足つけた自分を知ると自然になる。
ちょうどいい自分で頑張ってみると続くよ。

等身大の自分は、心地いい。

## 受容⑦

# 落ち込むよね。今はゆっくりしていいよ。

些細（ささい）なことで友達と喧嘩（けんか）した。
頑張っていたのに、失敗した。

何もやりたくない。
思い出したくもない。

それでいいよ。今はゆっくりしていいよ。
心が落ち込むときには、体を元気に保（たも）とう。
寝て、食べて、ゆっくりと外を歩いてみよう。
風を感じて、顔上げて、空を見る。
大きな自然が小さな悩みを包（つつ）んでくれる。

受容⑧

# 人は諦め方を知らないんだよ。

初めて歩いたことを覚えている人は少ない。
それはとても特別なこと。
あなたは自分の力で、歩き始めた。

何度もつまずき、何度も失敗した。
できるまでやり続けて、今がある。

人は諦(あきら)め方を知らない。
このくらいでいいやと思えば、
あなたは今、歩いていないのだから。

できるまでやる経験値は、みんな持っている。

受容⑨

# 常識なんて偏(かたよ)っている。

普通はこうだと思う。
常識的に考えて、この方がいい。

普通とか常識ってついつい使ってしまいがち。
でも本当にそうなの？
国や文化や時代が変われば、
常識なんて変わってしまう
とても不確かなもの。
常識なんて偏（かたよ）っている。
だから人には押し付けない。

自分が見てきた常識と同じだけ
誰かの見てきた常識を大事にしよう。

受容⑩

# 変わりたい。けど、変わりたくない。

もっとこうだったらいいな。
本当はこうなりたいのに。

自分を変えたいと思うことはある。
でも、うまく踏み出せないのは、
変わりたくない自分がいるんだよ。
このままの自分を認めていたい。
本当は変わらない自分も大事にしていたい。

変わりたいけど、変わりたくない。
相反する気持ちを持っていていい。
変わる自分と変わらない自分。
どっちの自分も自分だから。

ペップトークの法則

# 受容（事実の受け入れ）

受容とは、今の状況や感情を汲み取るということです。日々の生活の中で、不利な状況・後ろ向きな感情になることはあります。それをそのまま受け入れ、どんな今も許可することです。こうあってはダメ、こうじゃないといけない、という理想を考え、今を否定することはよくあります。ペップトークでは、ネガティブも受け入れます。ネガティブを否定することがネガティブだからです。今と向き合い、状況や感情を把握するための言葉をかけることが１番目のステップです。

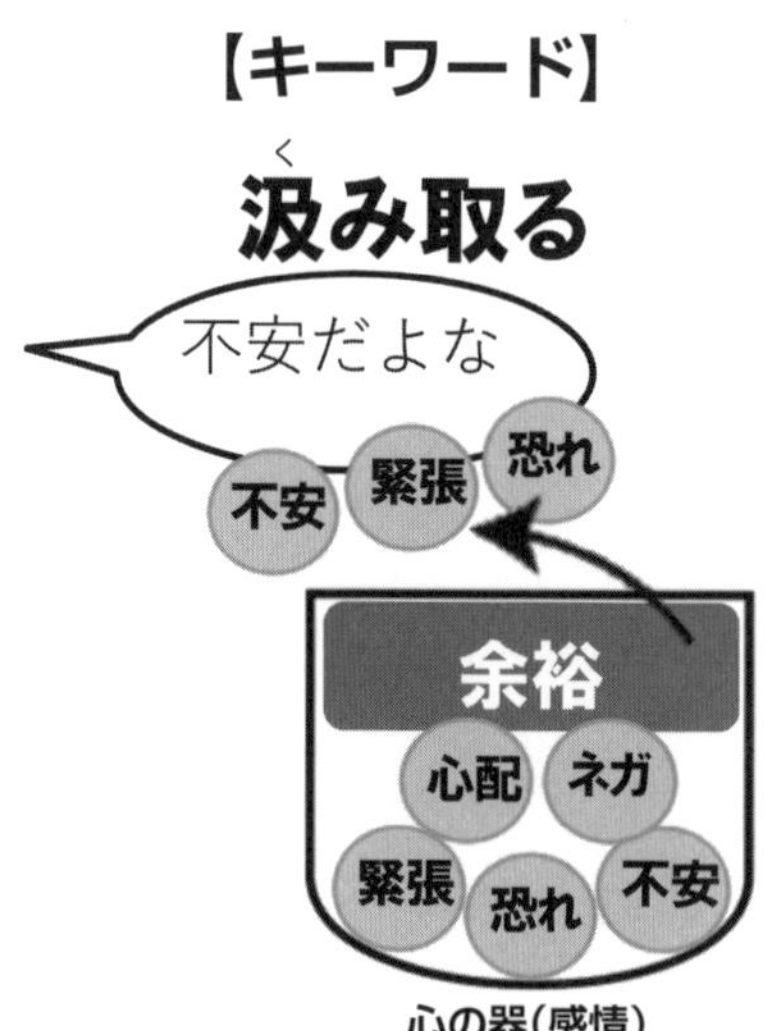


器に感情がいっぱいになっている時、人はそれがこぼれて怒りになります。

その一言で、感情の器から気持ちを汲み取る。自分の気持ちを整理するためにも、言葉を使って、自分や相手と向き合うことが受容で大切なことです。

# 2章

# とらえかたを変える言葉がけ（承認）

承認①

# あなたはあなたで良い。

人のことを羨（うらや）ましく思うことってある。
あの子みたいに頭が良かったら…。
アイツみたいに顔が良かったら…。

憧（あこが）れることはあると思う。だけど、
あなたはあなたにしかできないことがある。

君が生まれた時に心から喜んで、
君の成長を応援（おうえん）してくれる人がいる。
だから、世界中を探（さが）しても、

君の代わりはいないんだよ。

承認②

# 比べるのは、過去の自分だけ。

今日の自分は何点だった？

昨日できなかった計算が今日は少しできた。
昨日わからなかった漢字が読めるようになった。

些細な変化だけど、
昨日より成長できている自分がいる。
昨日より挑戦できている自分がいる。
昨日頑張った自分がいるから、
今日の自分がいるんだよ。

どんな自分も今日の自分に繋がっていて
明日の自分はどんな自分でいるかを想像しよう。

今日が自分史上最高な自分でいよう。

承認③

# あなたに、あるものは？

辛(つら)い時や苦しい時に、
どうしても足(た)りないところに意識が向く。
時間がない。お金がない。仲間がいない。
力が足りない。…
挙(あ)げればキリがない。足りないところ。

じゃ、今、君にあるものは？

動くための足がある。考える頭がある。
やりたいと思う気持ちがある。

気持ちがあれば、一歩前に進めるよ。

承認④

# あなたのものさしと他人のものさしは違う。

絶対こっちの方がいい。
なんで、こうやらないんだろうか。

つい自分のものさしで、
一つの事実を正しいことのように測（はか）ってしまう。
でも、そのものさしは、君だけの大事な価値観。

他人には他人のものさしがある。
大事にしているものは、人によって違いがある。

違うことを知っておこう。
そして、違うことを楽しんでみよう。
お互いのものさしを合わせながら、
創（つく）る未来はきっと、自分の想像を超（こ）えるよ。

承認⑤

# それもありだよ。選択は自由だ。

目の前に分かれ道があるとして、君はどうする？
右と左、どっちに進むかを悩むかもしれないが、
それだけじゃないよ。

その場で一旦立ち止まることも
来た道を戻るかもしれない。
もしくは、道なき道を作っていくのもいいだろう。

選択肢は多く考えてみよう。
その先のことなんてわからない。

選択は自由だ。
だから、自分で決めよう。

承認⑥

# 時間には限りがある。時計の針は進んでる。

時間の流れは変えられない。
過去に戻ることも、未来を先に体験することも
今は出来ない。

今という時間は、今しかない。

通いなれた学校でクラスメイトとの過ごす教室。
仲間と過ごした部室や体育館。

いつも通りの日常。
それは、いつもではなくて、
特別な一ページなんだ。

終わりがくることを意識する前に、
限りある今を大事にしよう。

承認⑦

# 考えよう。その言葉って誰(だれ)のため？

目に見えることだけが全ての事実ではない。
実はその背景に、想いや考えがきっと隠れている。

だから、考えよう。
誰のために伝えている言葉なのか。
自分も相手も納得できる言葉があるかもしれない。

相手が今いた場所に立ってみて。
見えるものが変わるかもしれない。
相手の座っていたイスに座ってみて。
すこしだけ相手のことをわかるかもしれない。

誰のためになるかを考えよう。

承認⑧

# 優しくなろう。相手にも自分にも。

優しくできるは、強さだと思う。

人に優しくしたいと思うことは素敵なこと。
ただ人にばかり優しくすると、
自分が置き去りになっていない？

人に優しく、自分にも優しく。
自分だけでは難しいことは、
勇気をもって、手を借りよう。

誰かを頼る勇気を持つことは、強さだよ。
頼られた人は、優しくできるチャンスが生まれる。
頼ったり、頼られたり、支え合うことで
優しさが循環すると素敵だね。

承認⑨

# 嫌(きら)われる勇気より好きって言える勇気が大事。

誰にも嫌われたくない。
そう思っていいよ。
自分から嫌われるような生き方は、しなくていい。

ただ人から妬まれたり、嫌われることってある。
自分が何かしたわけではない。
ほんの些細な勘違いが、いっぱいある。

だから、自分の大切な人に好きって言える勇気を
持っていてほしい。
大事なものを大事にしていこう。
些細な勘違いに惑わされないように
自分はあなたを大事にしているよって。

言葉で伝えていく勇気を持とう。

承認⑩

# 人生に失敗なんて存在しない。

思い出したら、悔（くや）しい体験って誰にもある。

大事な場面で決めれなかったシュート。
好きな人に振（ふ）られてしまった告白。
あんなに勉強したのに、出てこなかった回答。

その一つ一つは、失敗という言葉ではなく、
大切な経験であり、次の挑戦に向けての糧（かて）になる。

だから人生に失敗は存在（そんざい）しない。

悔しい経験を糧（かて）に、自分が何に向けて
どう動いているかが大事になる。

あなたは今、何に挑戦していますか？

## ペップトークの法則

# 承認（とらえかた変換）

承認とは、受容で受け入れたネガティブな状況や感情をポジティブにとらえなおしたり、ないものからあるものにフォーカスを変えていきます。私たちが置かれている状況、そして身近な人の印象は私たちの感情とセットになっています。

❶受容
❷承認
❸行動
❹激励

とらえかたが変わると私たちの心の状態も大きく変わります。前向きな心の状態を作りたければ、前向きなものの見方、とらえかたをして、状況や人の印象をとらえかた変換することが効果的です。

**【キーワード】**

**見方を変える**

状況のとらえかたを変えることにより、前向きな感情が生まれ、心の余裕に前向きな感情が増えていきます。

ネガティブな感情は受け入れつつ、ポジティブな感情にひっくり返ることでマインドセットが前向きに変わることが承認で大切なことです。

# 3章

# きみを動かす言葉がけ（行動）

行動①

# 本当はどうなりたい？

一歩踏み出す前に、ゴールを決めよう。

これが終わったら、スッキリする。
これが完成したら、便利になる。

達成(たっせい)した時に、何を思い、
何が聞こえて、何を感じるかを想像する。
少し先の未来をイメージすると、
ワクワクしてくる。

うまくいく自分を想像しよう。
誰かとの関係も先延(さきの)ばししていた課題も
本当はどうなればいい？

行動②

# 小さな好きが自分の原動力。

自分には夢がない。
これから先、何がしたいかわからない。
遠い未来を描けなくても大丈夫。

今、好きなものは何？
今日、楽しかったことは？
明日、やりたいと思うことは？

好き・楽しい・面白いが自分の原動力。
小さな好きを集めていこう。
一生懸命に楽しんでる自分を大事にしよう。

自分の好きなことが誰かのためになる時に
やりたいことの道が見えてくる。

行動③

# 完璧を目指して、最善を尽くそう。

完璧な自分を目指すことは凄いこと。
完璧を望まないと、到達することができないから。
ただ、今から始まる本番。
目指していた完璧を一回、置いてみよう。
今、できる最善に集中して。

スタートラインの一歩目。
演奏の一音目。
最善の一手が必ずある。

その積み重ねが、あなたを完璧に導いてくれる。
今日までの練習が、あなたを支えてくれる。
目指した完璧のために、最善を尽くそう。

行動④

# チャンスは来る。いい波を掴(つか)もう。

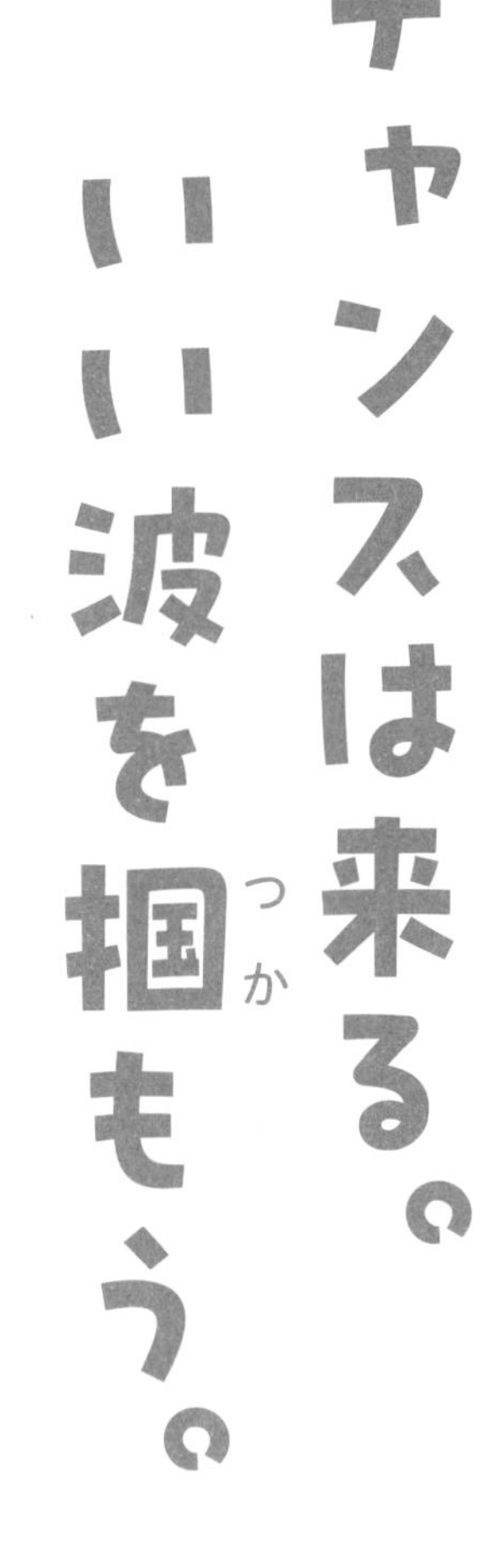

努力をしていたから、
必ずチャンスが掴めるわけじゃない。
まずはチャンスが来るといつも思っておくこと。

あのボールがゴール前に転がってきたら…
あの打球はきっとこの辺りにくるはず…

自分にとって、都合よく考えておく。
本当にそうなったときに、
誰よりも早くチャンスを掴むための準備が必要。

チャンスが来たら、いい波を掴もう。
流れを自分に引き寄せて、周りを巻き込もう。

君だけが特別なヒーローになる。

行動⑤

# 自信はない。でも覚悟（かくご）は持てる。

本当にできるかな…
最後まで走り切れるかな…

初めての本番で、自信を持つことはできない。
自信は、やったことがある人が持つステータス。

初めてと向き合う時は、覚悟が必要。
どんな結果も受け入れる自分でいよう。

今日までやってきた練習。積み重ねてきた努力。
それは必ず自分の力になっている。
『ここまでやってきたんだ！』と
君に勇気を与えてくれる。

覚悟を持つ勇気を振り絞ろう。

行動⑥

# やめよう。その決断も勇気だ。

継続は力なり。
続けることで、経験が増え、できることや
わかることが多くなる。
自分の力が磨かれるのは素敵なこと。

でも、続けることばかりが美徳じゃない。
もし今の場所でモヤモヤする気持ちがあるなら、
やめることも大事。
もし今やっていることに、ワクワクしないなら、
新しいことに目を向けてみよう。

続けることも、やめることも
同じくらいの勇気がいる。
君の選択を後押しするよ。

行動⑦

# やればできる？
# いや、やれば伸びるよ。

やれば、きっとできるはず。
そう思って取り組んだけど、うまくいかない。
結局できないなら、意味がない。
そう全てを決めつけないで。

全てのことができるようにはなるわけじゃない。
人には得意も苦手もある。
ただ取り組んだことや、頑張ってみたことは
必ず君の力になっている。

やってみるから、成長できる。
伸びしろが見つかるから、人は育っていく。

やれば伸びるから、やってみよう。

行動⑧

# 明日やる？ 君なら今からできる。

初めて聞いたことや
今までの自分にないことに気づいた時、
動き出すタイミングが大事になる。

明日からやってみます。
来年はやってみようと思います。

計画を立ててやることもある。
でも、きっと今からできることもあるはず。
手をつけて、今すぐ試してみよう。

明日やろうは、ばかやろう。
思い立ったら、今やってみる。
今、やろうと思った気持ちに寄り添ってみて。

## 行動⑨

# チャンスを掴むには、今を全力で動くこと。

チャンスを掴む人は、
知らなかったことを知ろうとする好奇心がある。
失敗しても諦めずに続けられる持続性がある。
環境が変わっても対応できる柔軟性がある。
いつも前向きに物事を捉えられる楽観性がある。
勇気を出して踏み出し、行動する冒険心がある。

前向きに行動を続けると、
偶然に起きるチャンスに巡り合う。

チャンスを掴むためには、
その場面で自分を発揮できるかどうか。

全力で今を動くと、チャンスを掴める。

行動⑩

# ココ頑張(がんば)りどころ。明日につなげよう。

やり続けていくと、苦しくなる。
一旦止めて、休みたいと思う。

今、ココ頑張りどころって言ってみて。

もう一歩進めるかもしれない。
もう一問やり超えるかもしれない。

苦しくなった時は、自分が頑張ってあがいている時。
頑張りどころで、自分を発揮できると
グッと乗り越えることができるよ。

越えた後には、しっかり自分を褒めてあげよう。

よし、やっぱできるな、自分。

ペップトークの法則

# 行動（してほしい変換）

行動とは、私たちは相手に指示をするとき、つい「〜〜しないでね」と、してほしくないことに否定形をつけて伝えがちです。

例えば「失敗を恐れるなよ」という言葉。相手に失敗をしてほしくないので言うのですが、脳は「失敗するな」と言っても「失敗しろ」と言っても「失敗」という言葉に反応し、失敗をイメージし、過去失敗した経験を思い出し、「失敗したらどうしよう」という感情になってしまいます。シンプルに「〜〜するな」を「〜〜しよう」と伝えてみましょう。

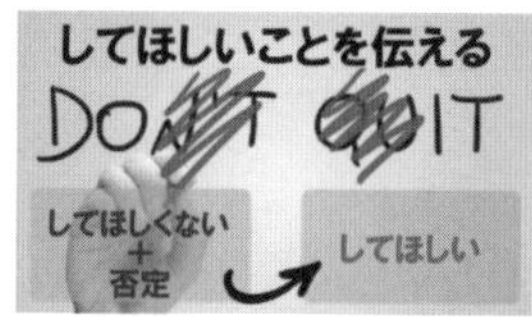


## 【キーワード】イメージを描く

私たちは脳でイメージしたことを、無意識的に現実化しようとしています。意識的には成功したいと思っていても、脳が失敗をイメージした場合、私たちの全身の数十兆の細胞はイメージを現実化しようと働きます。

# 4章

# きみの背中を押す言葉がけ（激励）

激励①

# 大丈夫(だいじょうぶ)には、励ましの秘密がある。

大丈夫（だいじょうぶ）って言葉には、人が3人集まっている。

だから、「大丈夫」は安心を感じる言葉なんだよ。


「大」は人が手を広げて大きく見せている。

「丈夫」とはたくましい。

大きくたくましいで「大丈夫」。


あぶなげがなく安心できるさま。

強くてしっかりしているさま。


「だいじょうぶだよ。」

って声をかけられると、何だか安心する。

一人じゃないんだって応援されている。

激励②

# 大変だと思うのは、大きく変わってる証拠(しょうこ)。

大変なことって、起こるよね。
なんで自分だけ…
こんな時にどうして…

大変って時は、大きく何かが変わる証拠。
大変を乗り越えてみた自分は、
大きく成長して、変化してるはず。

大変なことと向き合って。
怖いと思うのは、その道の先に成長が待っている。

大きな変化を受け入れよう。

激励③

# なんとかなる。は魔法の言葉。

何かを始める時に、
『なんとかなる。』って言ってみよう。
何の根拠（こんきょ）も、何の準備も必要ない。
なんとかなった気持ちが手に入る。
『でも』や『だって』の言葉じゃなくて、
『じゃあ』や『だったら』って
前向きに取り組む言葉が溢（あふ）れてくる。
『なんとかなる。』は魔法の言葉。
脳が解決する方法を探し始める。

激励④

# 何も考えず、『よっしゃー！』

両手を挙(あ)げて、空を見て、
胸を張(は)って、叫(さけ)んでみよう。

『よっしゃー！』

ほら、スカッとした気持ちで、
何かを成(な)し遂(と)げたみたいでしょ？
君の気持ちに火がついた。

みんなで一緒(いっしょ)にやってみよう。

『よっしゃー！』

最強の仲間と成功したイメージが確立されるよ。

激励⑤

# ありがとう。当たり前なんて何一つない。

ありがとうは、有るのが難しいって書いて、有難う。
有るのが普通。有って当然という意味で、
当たり前が反対の言葉。

当たり前のことなんて、何一つもない。
今日が平和で、自分の命があることも
とても尊くて、素敵なこと。

だから、本気で『ありがとう』って
言える自分でいよう。
本気でありがとうを言うと
ありがとうが言われる番が来る。
本気のありがとうは
いつ、どんな時も、心に響く言葉だから。

## 激励⑥

# あなたの輝（かがや）く時は、いつでも今だよ。

あの文化祭は最高に楽しかった。
体育祭でのリレーは凄(すご)く燃えた。

過去の出来事が、思い出してキレイに見えることもあるかもしれない。
でも、あなたが輝(かがや)いているのは、
いつでも今日という、今なんだよ。

今日一日を過ごすあなたの姿は、
どんな日よりも輝いていて、
明日のあなたは、もっと輝くことができる。

いつでも今を最高の瞬間(しゅんかん)にしていこう。

激励⑦

# 愉(たの)しいって、前に進むこと。

昨日できなかったことが、できるようになった日。
負け続けたアイツに、勝てた日。

昨日より前に進んだ瞬間（しゅんかん）に、愉（たの）しいって思う。
愉しいって楽（らく）をすることじゃなくて、
成長してる自分を実感すること。

結果がカタチになるのは、時間がかかる。
けど、毎日が愉しいって感じられるように
前に進み続けてほしい。

振（ふ）り返らずに、進んでいこう。
その愉しさは、君の成長の証（あかし）だ。

激励⑧

# 無理って思うことを叶(かな)えるのが、夢だ。

初めてスマートフォンを作ろうとした人は、
何回無理だって言われたと思う？

当時はガラケーが主流で、みんなが1人1台携帯持ってて、これ以上に便利になることないって思ってた。
でも、今はみんながスマートフォン持っている。

何万回も無理だって言われただろうけど、
きっとスマートフォンがある世界がイメージできてたくさんの人を幸せにできるって思ったんだろう。

無理って言われることを叶(かな)えていく。
それが夢なんだと思う。

激励⑨

# 人生の主人公は自分。

生まれた瞬間から、
君の物語は始まってて、
たくさんの人を幸せにして生まれてきたんだよ。

今日までいくつものことを乗り越えて
苦しみも辛さも喜びも楽しさも
全部が君を彩るストーリー。
今日からの日々にも、誰も想像できないような
出逢いや出来事が君を待っている。

人生という物語の主人公はいつでも君だけだ。
だから、自分の意志を持って、進んでほしい。
代わりは誰もいない。

今日が始まりの日だ。

激励⑩

# 起きることを楽しもう。人生は一度きり。

これから起きる人生の出来事。
感動するような素晴（すば）らしい体験。
仲間と一緒（いっしょ）に乗り越える瞬間。
悔（くや）しくて不安で眠（ねむ）れないような夜。
一歩進めて、光が見えたような朝。

自分に起こるどんな出来事も楽しんでいこう。
楽しむ中には、歯を食いしばることも、
苦しみを受け止めることも必要だろう。

一度きりの人生だから
思いも行動も全部を自分のためにしよう。
一つ一つの体験を大切な想い出に変えていく。
起こることを楽しんで！

ペップトークの法則

# 激励（背中のひと押し）

激励とは、相手が勇気を持っていけるように背中をグッと押して送り出します。相手がやる気になっていたら激励系の背中のひと押しで「さあ、いってこい！」と強く背中を押し、緊張していたら見守り系で「大丈夫だよ、みんなついているから」と優しく背中を押してあげましょう。

**【キーワード】**

## 相手に合わせる

相手に合わせる相手のことを理解し、その時、一番言ってほしい言葉をいう、これがペップトークです。

相手が一番言ってほしいことを言うためにペップトーカー（ペップトークを使う人）には、「質問力」「傾聴力（けいちょうりょく）」「斟酌力（しんしゃくりょく）」「表現力」の４つの力が大切です。

# 生徒の感想

講演会を聞いた生徒の皆さんから感想をいただきます。書いてくれた言葉の数々に僕も応援されています。

ペップトークを知って、何を思うのか、皆さんにも知ってもらえればうれしいです。

## 中学校3年生　進路講演

進路講演ペップトークとても感動しました。言葉の伝え方で人を変えることができるのは素晴らしいです。

その結果がどうであれ、ベストを尽くせたのならいい！という言葉、すごく大事だと思います。

結果も大事だけど、その目標に向かってどうがんばったか、まずはそれを認めてあげる。

人は完璧ではないのだからこそ、周りの人の声がけで心に響くのだと感じました。

私の友達が一般入試に向けて、日々頑張っています。

私なりのペップトークをしていきたいです！

この度は、講演を開いていただき、ありがとうございました。使う言葉一つや考え方次第で、自分の感情、モチベーション、行動が変化することを学ぶことができました。受験生である今、このような機会に巡り合うことができ、大変光栄に思います。

自分だけでなく、自分に関わる大切な人たちの心の負担を取り除くこともできる点についても魅力的だと感じました。将来、教育者や企業の幹部などには必須な技術だと考えました。受験が終わったら、本読ませていただきます。これからも日本に広めていってください。

**講演をキッカケに自分も友達を応援したいと言ってくれたり、将来に必要だと感じてくれることがとても嬉しいです。**

**これからも広めてくださいと言ってくれる感想は僕にとってのペップトークです！**

# 高校3年生　卒業講演

学校謹慎の時にお会いして以来でした。
先生の話は「心に直接響き」ました。
言葉のナイフを鞘にしまう。
とても印象に残っております。
ありがとうございました。

**言葉でイジメをしてしまい、彼が2年生の時に講演をしました。3年生の卒業講演で2度目のペップトークの感想で、彼の中で言葉の大切さが残っていて、とても印象に残っています。**

**これからも言葉を大事にしてほしいです。**

私は、ペップトークについての講演に参加するのは初めてでした！一つ一つの言葉がとても心にくるものがあり、90分の時間で人生に必要な、とても大切なことをたくさん学ぶことができ、本当に充実した貴重な時間でした！

私たちがあたりまえのように使っている「言葉」を少し違う使い方をしたら、こんなにも自分やひとを元気づけることができるんだな！とすごく感動を覚えました！！

この経験を活かしてこれから先出会う人たちに勇気づけられるペップトーク人になりたいと強く思いました。

本当にありがとうございました！また絶対に聞きにいきます！！

**あたりまえに使っている言葉が自分や人を元気づけることに気づくことができるって素敵な感想だと思いました。**

**言葉の大切さを知り、自分なりに誰かを応援したいって思うこと自体が素晴らしいと僕は思います。**

# 中学校1年生　学年講演

今まで何気なく過ごしていた「あたりまえ」も意外と「きせき」なんだなと思いました。

親が口うるさく「勉強しろ」や「宿題はやったの？」などは全て自分に向けての言葉だとは、少しは気づいていたけど、ないがしろにしていて、全然感謝していなかったので、これからは何事にも感謝の気持ちを大切にしながら、取り組んで生きていきたいと思いました。

改めて、ありがとうございました。

今日は出来なくても伸びる、成長するという言葉で部活の練習をたくさんしようと思いました。今出来ていない所をどうやるか、どうすれば出来るのかを考えて、練習しようと思いました。

今、「ありがとう」とあまり言えていないので、気にしてない所でも普段から「ありがとう」を言えるようにしていきたいです。

今、乗り越えられないことがある友達を支えていこうと思いました。友達の話もしっかり聞こうと思いました。

**感謝の気持ちを持つこと、そして「ありがとう」が言える自分になりたいと言ってくれる感想を多くいただきます。**

**そんな君たちなら、きっと「ありがとう」を言うことができるし、「ありがとう」を言われる番がきます。**

**ありがとうが最幸のペップトークだから！**

# 中学校　全校講演

昔はありがとうを言うのが苦手で怒りっぽくネガティブでよく注意されていたんですけど、今回の講演会を聞いて改めて「ありがとう」や怒ってくれる人、励ましてくれる人の大切さを知りました。これからは当たり前だと思っていたことに感謝して、小さなことでも心を込めて「ありがとう」を言おうと思います。講演で話してくださったことを忘れずに、イヤなことがあったら、ペップトークを思い出します。今回は本当にありがとうございました。

今回のペップトークを聞かせてもらい、私が思ったことは自分のやりたいことを諦めずに他の人に励ましの応援を送るということを大切にする！ということです。

なりたい職業を友人などに言ったら、「そんなの無理でしょ」と言われたので、堀さんのおかげで前向きな気持ちになれました。

明日から「夢へ進み、他の人の夢への１歩を手伝う」ということを実行していきたいです。次、堀さんに出会えたら、将来の夢へ確実に進む１歩の出し方を学びたいと思いました。

最高のペップトークをありがとうございました！

**講演を聞いて、自分に関わってくれる人たちのありがたさを知ってくれる感想があります。時に厳しいことやネガティブなことを言われても自分がとらえ方を変えて、強い意志を持つことやペップトークを思い出して前向きに考えてもらえるとうれしいです。**

## 中学校3年生　進路講演

今までもこのような講演会はいくつかありましたが、今日の講演は今まで一番勉強になりました。普段友達によくイジられていて、その時は笑っていても実際はけっこうしんどいなって思うことがあったんですよ。でも自分だって人を傷つけていた時もあったはずと考えてみたら、誰かが特別悪いわけでもないんだなって気づけました。だからって誰かを傷つけていいわけじゃないし、それを真に受け取りすぎるのも良くない。だからまず私は自分自身を強くしていきたいです。私はメンタルが弱くてよく泣いちゃうんですけど、結局それもみんな一緒だから誰かの一言ですぐ泣いちゃうから一言一言よく考えて話すことの大切さに気づけました。キレイごとでも何でもないです。初めて本気でそう思えました。来てくださって本当にありがとうございました！

ペップトークを聞いて、言葉ってすごく無力なものなのかもしれないけど、たった一言で誰かを傷つけ、たった一言で誰かを笑顔にする人にとって大きな存在だということがわかりました。「でも」や「だって」から始めるより「次はこうしよう」と始まる方が気持ちもすごく変わるし、頑張ろうと思えると思いました！今はSNSを使って世界中の人とやりとりができ、誹謗中傷で命を落としてしまう人もいる中で誰かを勇気づけるペップトークを使えば、きっとそれが世界中の人に伝わってたくさんの人の笑顔につながると思いました！

**言葉は人を傷つける凶器にも、誰かの心を温める毛布にもなる。そんな言葉をどう使うかは自分次第です。自分が使う言葉で、誰かの笑顔を引き出すことができればこんなに素敵な世界はないと思います。きみの創る未来が笑顔で溢れるようにペップトークを広げていきます。**

# 支援学校　学年講演

今日特に印象に残った事は、スポーツイベントの「ペップトーク」について教わった事です。

まずは、ペップトークとは、「誰かを励ます応援の言葉」という事やその他にもセルフペップトーク、「自分自身を励ます言葉」やプッペトーク「否定的な言葉」なども知りました。そして、スポーツ選手や、ネガティブ思考の学生が言葉によって変わったと聞きました。

堀先生のお話を伺い、言葉には、不思議な力があるのだと驚きました。先生が教えて下さった「自分の言葉にどれだけ本気になれるか」「常に成功のイメージを持ち、無理だと思わずやれる事を考える」「挑戦し努力する事に意味がある」「有言実行・優言実幸」「ありがとうって言える事を増やす」という言葉がとても心に残りました。

本日の講習を受けて、自分自身のとらえ方をプラスに考える事、相手が頑張っている時に「頑張れ」と応援する事が大切だと学びました。

僕自身ミスがあると少し自分の事をネガティブ思考で考えてしまう所があったので、先生から教わった事を今後の人生に生かせるように頑張ります。

お忙しい中、僕達に教えてくださり、ありがとうございました。

**どんな子にも響く言葉がある！**
**今回の書籍のたくさんのメッセージは感想をくれた生徒さんたちが心に残ったものです。**
**きみの心にも届くと嬉しいです！**

# ペップトークの法則

# セルフペップトーク

セルフペップトークは、自分にかける励ましの言葉です。誰かを応援するためにも、自分が満たされている状態が大切です。

自分が元気や活気にあふれているから、前向きな言葉の波紋が、家族や友人、そして社会へ広がり、元気や活力が広がると考えています。自分が満たされずに、応援しようとすると、もしかしたら自己犠牲になるかもしれません。

まずは自分のグラスを満たす言葉を自分にかけましょう。

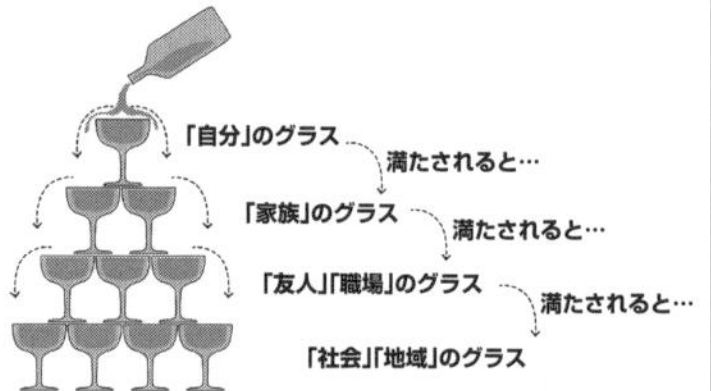


## セルフペップイメージ

セルフイメージは自分自身への思い込みで、私は何が得意、○○なタイプなど人は自分の解釈で自己認知しています。言葉を前向きに変えると短期的には気分が変わり、長期的には思い込みが変わります。エミール・クーエ著『暗示で心と体を癒しなさい』では想像は誘導が可能であると言われ、どんな言葉をかけるかで、自分の思い込みが変わり、行動が変わっていきます。

# 先生の感想

講演会を実施するには、先生の協力が不可欠です。

これまでたくさんの講演を実施できてきたのは、私にチャンスをくださった先生方のおかげです。どんな思いでペップトーク講演会を企画していただき、何を感じているかを教えていただきました。

熊本高等専門学校熊本キャンパス

## 石田 明男 先生

リベラルアーツ系助教、FD 推進室長

### 何年生向けにどんな授業として計画しましたか？

本校が取り組む分野横断的能力育成のためのリベラルアーツ科目の中の１年生向けの授業として計画しました。他者との円滑なコミュニケーションを取ることや自己実現のために自分自身と向き合うことを学ぶことを目的に依頼させて頂きました。

### 実施してみての生徒の反応はいかがでしょうか？

生徒たちは普段の声がけで否定的、ネガティブな言葉を使うことが多かったので、肯定的、ポジティブな言葉を使うことを心がけようと感じたといった内容の感想が多く見られました。やり方を知ることで、心がけが変わるのだなと感じました。

### 講演後の生徒たちの変化があれば、教えてください。

本校では、堀講師に教員向け研修も依頼して、生徒向け講演も同時に実施しております。教員向けの講演の成果かもしれませんが、教員の継続的な言葉がけで学生自身が「自分が出来ていること」に対しての気づきや「出来たこと」に対する達成感を感じてくれることによって、やる気が出ましたといった発言が見られています。ペップトークが学生の意欲向上に有用であると考えています。

大阪府立吹田東高等学校

# 東 知佐子 先生

校長

## 何年生向けにどんな授業として計画しましたか？

３年生が大学受験前で、ちょうど第一志望を諦めがちな時期（秋）に、夢に向かって進んでほしくてペップトーク講演を依頼しました。折角の機会なので他学年にも聴いてもらいました。

生徒が自分で自分を元気づけられるようになればと思いました。

## 生徒たちがペップトークを知ることの良さ・メリットはどんなものがありますか？

生徒たちにもう少し頑張ってほしいけれど、頑張らせすぎるメッセージは届けたい子には響かず、頑張っている子がナーバスになるだけで終わることがあります。自分や他人に前向きな言葉をかけることで変容していくペップトークは、個人個人の状況に応じてそれぞれに響くところがあるのが良いです。そして部活や学校行事、受験期などに生徒同士で使い合うことができることも素晴らしいです。

## 講演後の生徒たちの変化があれば、教えてください。

他の生徒たちが推薦で早く進路を決めていっても、第一志望の一般入試まで諦めず受験に臨むことのできた生徒が多かったように思います。

講演でお話くださった「捉え方変換」や「あるもの探し」という言葉がその後も生徒の口から聴かれたことが講演が印象深かったようで企画してよかったと嬉しかったです。

秋田県横手市立十文字中学校

# 笹山 貴志 先生

1学年担当　教諭

## 何年生向けにどんな授業として計画しましたか？

SDGsの目標17「パートナーシップで目標を達成しよう」及び目標5「ジェンダー平等を実現しよう」の解決を目指すという大テーマの下、総合的な学習の時間をスタートさせています。

その大前提として、言葉の力のもつ大きさ、コミュニケーションの大切さなどを学んでもらいたいという目的で依頼しました。

## 実施してみての生徒の反応はいかがでしょうか？

講演中は生徒を惹きつけるような話し方で、生徒たちは興味深く聴いていました。言葉がけに関するクイズやワークを取り入れていただいたので、終始盛り上がっていました。

## 講演後の生徒たちの変化があれば、教えてください。

講演前は中学校入学直後ということもあり、幼さ故に他人をバカにする発言や、言葉遣いの悪さが目立っていました。講演後からは、友人を励ます言葉かけ、思いやりのある言葉かけ、丁寧な言葉遣いなどが見られるようになりました。

ペップトークの講座を通して、物事を自分本位ではなく、相手目線に立って考えることができるようになったと感じます。生徒たちはこの1年で、物事を一面的にではなく、多面的・多角的な視点で考えられるようになり、その結果「相手を尊重する気持ち」「他者のために貢献する気持ち」などが格段に成長したと感じています。

京都府宇治市立広野中学校

## 福田 幸祐 先生

### 何年生向けにどんな授業として計画しましたか？

中学校３年生の進路講演会として企画しました。時期は9～10月です。お互いの進路や思いを大事にして最後の1人が決まるまで、みんなで応援する関係を作りたかったため、ペップトークの講演をお願いしました。

### 実施してみての生徒の反応はいかがでしょうか？

中学校３年生の生徒たちも多くが初めての受験で、不安を感じている子が多いです。その中での講演だったので、言葉がけで、自分や友達の気持ちを変化できるということを知ることができ、生徒たちも心の安心感をもってもらえたと思います。

### 講演後の生徒たちの変化があれば、教えてください。

コロナ禍のため、入学してすぐ自宅待機の学年だったこともあり、不安を抱える生徒も多く、学校としても周りとの関わりを避けなければならない学年でした。人間関係をよりよく築くため、自分の気持ちも高めていけることと、自分の行動、言動によって相手の気持ちを高めることもできることに気づいてくれました。会話や接触が制限された中での講演会だったので、生徒もいろいろと感じる部分が多かったと思います。

# おわりに

本書をここまでお読みいただき、ありがとうございました。今回はペップトークの内容についてではなく、私がペップトーク講演会で伝えてきたメッセージを40の言葉にまとめました。最後まで読んでくださったことを心から感謝します。ありがとうございました。

私がペップトークの講師を目指したのは、制服の営業として訪問した校長先生の言葉がきっかけです。当時、横浜平沼高校校長で、全国高等学校体育連盟会長の小野力先生から『ペップトークはこれからの学校現場に必要なスキル。これを学んで広げれば、君が学校に呼ばれる存在になる』とアドバイスをいただき、ペップトークの学びを始めました。そして、今では、営業先である中学校・高校の生徒をメインに講演会を実施しています。ペップトークのスキルを伝えると同時に、子どもたちに伝えたいメッセージを考えて、講演を実施しています。

今の学生たちを応援したい。
君たちは素晴らしい存在で、もっとできるよ！
私の根本は学校に通う子どもたちへの応援だと思います。

学生時代は多くの悩みを抱え、時に立ち止まったり、反抗してしまう時期であると思います。たくさんの経験がその後の人生に繋（つな）がっています。だからこそ、抗（あらが）って、前に進んでほしいし、顔を上げてみれば、たくさんの応援があることを知ってほしいと思っています。

これからも講演活動を続けていきます。これまで出会った生徒の皆さんとこれから出会う生徒の皆さんに言葉の力が届くように。

いつか生徒の皆さん自身が自分や相手を応援するペップトークが広まっていることを願っています。

この本を手に取った生徒の皆さんへ

学校は楽しいですか？今、何かに悩みがあるかもしれない。
その悩みも不安も期待も夢も、全部が君を成長させる糧になる。
学校は、たくさんの仲間と過ごす貴重な場所です。
仲間と一緒に昨日の自分を乗り越え、
一生の思い出になる学生生活を送れると信じています。
君たちの未来にエールを送ります。
君たちなら、できるよ。

日本ペップトーク普及協会　堀　寿次

●著者既刊書の紹介

岩﨑由純・堀寿次『心に響く励ましの言葉を磨く　スクールペップトーク実践ワーク集』学事出版

学校生活の1年間で行うイベントを38の場面想定し、ホームルームでペップトークするための実践ワーク集。学校の先生必読の1冊。

●著者講演会の紹介

学校向け講演を年間70回ほど行う著者の講演は、教員向け・生徒向け・保護者向けと対象に合わせて、その内容を変化しながら、言葉の大切さを伝えています。

《先生向け実績》

東京都高等学校体育連盟研究部　研究大会基調講演

神奈川県部活指導者向け研修

先生向けのポイント。言葉がけによって、生徒の心をどう動かすか、自分自身がどうふるまうか、ペップトークのスキルを使って解説します。

【著者】

**堀 寿次**（ほり・としつぐ）

日本ペップトーク普及協会　コンテンツ開発部　部長
大分県出身
菅公学生服株式会社において、開発本部にて商品企画を担当し、その後は関東事業部等で制服・体育着メーカーの営業として活動。学校の生徒、教員、保護者に何ができるかを提供し続け、ペップトークに出会う。授業や部活動でペップトークが広がるように、年間70回ほどの講演活動を行う。著書『スクール・ペップトーク実践ワーク集』（岩崎由純との共著、学事出版）

【経歴】
2007年 大阪府立大学経済学部 卒業
2007年 尾崎商事株式会社（菅公学生服株式会社）開発本部
2013年 菅公学生服株式会社 関東事業部
2021年 秋田菅公学生服株式会社 営業部 部長
2024年 栃木菅公学生服株式会社 営業部 部長

**きみを励ますペップトーク**
**勇気を引き出す40の言葉**

---

2024年７月１日　初版第１刷発行

著　者――堀 寿次
発行者――鈴木宣昭
発行所――学事出版株式会社
〒101-0051　東京都千代田区神田神保町1-2-5　和栗ハトヤビル３階
電話03-3518-9655
https://www.gakuji.co.jp

編集担当　大学図書出版
イラスト　海瀬祥子（１章～４章）
装　　丁　水野七海
印刷製本　精文堂印刷株式会社

---


ISBN978-4-7619-3021-9　C3037